GOLDMANN
CARTOON

Autor

Erich Rauschenbach, Jahrgang 1944, seit 1953 Westberliner, ist Karikaturist bei verschiedenen Zeitungen und Zeitschriften und hat zahlreiche Bücher veröffentlicht. Er ist verheiratet und Vater einer Tochter.

Bisher bei Goldmann erschienen:

Du gehst mir auf'n Keks! · 6993
Eine Nummer nach der anderen . . . · 6929
Ich bin schon wieder Erster! · 6962
Lieschen · 6975
Lieschen II · 6932
Rüdiger – Lange Nase, kurzer Sinn · 6990
Super oder normal? · 6981
Wo kann man denn hier pinkeln? · 6983

Erich Rauschenbach

Sport macht Spaß!

GOLDMANN VERLAG

Made in Germany · 9/88 · 1. Auflage
Genehmigte Taschenbuchausgabe

Umschlagillustration: Erich Rauschenbach
Umschlaggestaltung: Design Team München
Druck: Presse-Druck Augsburg
Verlagsnummer: 6935
Lektorat: Christoph Göhler
Herstellung: Peter Papenbrok
ISBN 3-442-06935-1

Auf die Plätze, fertig...

Sportler, wa?
EMS86

Ich trainiere gerade meinen Sohn. In 2-3 Jahren wird niemand mehr über Tennis und Boris Becker reden!

Hast du schon wieder meine BH-Einlagen geklaut ?
EN 86

Ich bin total groggy!
Was ist denn mit dir passiert?
Ich war eben auf 'ner ganz geilen Demo! Ganz per Zufall!

Wie früher, sag ich dir! Genau wie früher!
Stundenlang quer durch die Stadt! Im Lauf-schritt!
▶

Sogar Erfrischungen gab's! Und die Spießer am Straßenrand haben gejubelt!
Worum ging's denn? Wofür oder wogegen war denn die Demo?

Frag mich nich! Frag mich nich!
Irgendwas mit „Marathon" oder so...

Das neueste eau de toilette für den Herrn: Es riecht, als ob man gerade ein Komplettes Fitneß-Programm absolviert hätte!
Ernst

Oh, mein Gott! Immer noch ein knappes Kilo zuviel!

Tut mir leid für dich, Schatz, aber einmal müssen wir mindestens noch!

Trinkste noch so'ne Selters?
Ne, du, ich bin Kaputt!
Heute morgen war ich vor der Arbeit schwimmen.
In der Mittagspause war ich statt in der Kantine im Betriebs-Trimmraum ...

und eben bin ich meine abendlichen 6 Kilometer gelaufen.
Und warum machste das alles?
Na, um fit zu sein!

Von wegen „armer Kerl"! – der spielt neuerdings für Hansaplast!

Immens Sahne in corpore sano!

Fitneß-
Studio
DIE
MODERNE
FRAU
UM
DIE ECKE

Club Lido
CLUB
Garantiert nur altmodische Girls!

Diese dämliche Rumschwitzerei, bloß damit man nachher beim Bier kein schlechtes Gewissen mehr hat!

FITNESS-
CENTER

Für mich nur einen kleinen gemischten Salat.

Kein Bier, Hans, nur eine Selters!

Heute nicht, Schätzchen, ich muß morgen früh zum Training!

Wir wollten als moderne Gemeinde, die jetzt auch ein Fitneß-Studio hat, einfach mit der Zeit gehen.

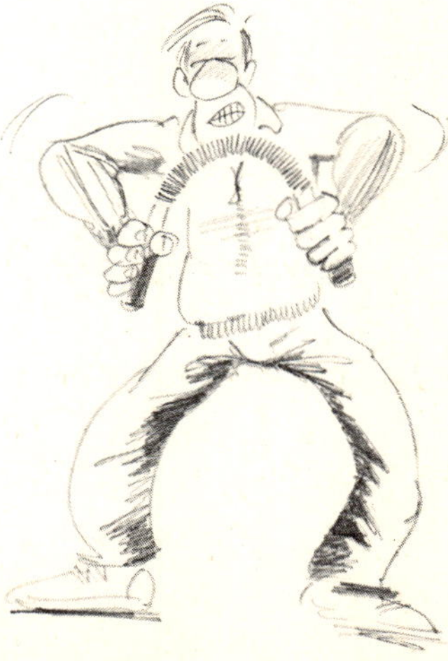

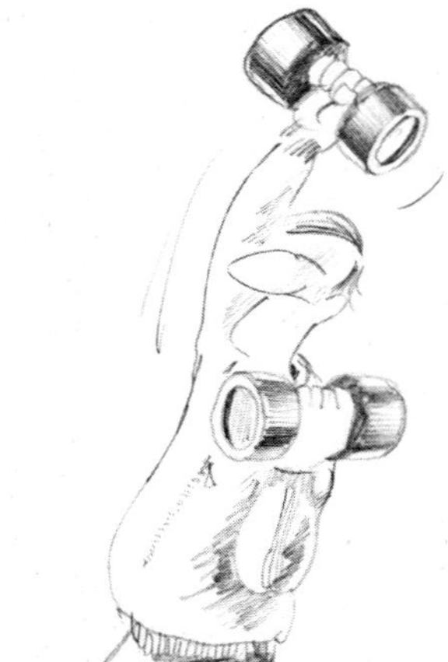

Geh mit deiner kostbaren Kraft bitte nicht allzu verschwenderisch um, Liebling ...
du mußt nämlich gleich noch den Müll runterbringen.

Ich bin jetzt voll auf Fitneß, sag ich dir!
Es ist einfach Wahnsinn, wenn du dich nur auf deinen Körper konzentrierst, wenn du jeden Muskel einzeln spürst!
Dafür trainier ich aber auch jeden Tag meine 2-3 Stunden!
Kommst du denn da auch dazu, noch was für den Kopf zu tun?

Klar doch! Klar doch!
Der ist unheimlich wichtig, der Kopf!
Für's Haar nehm ich ne spezielle Balsam-Weich-Spülung und für's Gesicht 'ne aktive Feuchtigkeits-Spezial-Creme.

Aufgepaßt, Mädels, dieses Mal stelle ich einen neuen Rekord auf!

Die Latte liegt auf exakt Einsvierundsechzig!

Armer Papi! Schon wieder nix!

Es ist schon unglaublich, wie viele verschiedene Geräte du brauchst, um dich richtig high zu fühlen!

Kann das eigentlich sein, daß die gesamte Evolution umkippt und langsam wieder rückwärts geht?
EN 86

Ich bin sehr froh, daß wir uns endlich diese Familien-Power-Station gekauft haben, Liebling!
Ich auch, Schatz, ich auch!

Wenn er jeden Abend richtig fix & foxy ist, Kommt er wenigstens nicht auf dumme Gedanken!
Wenn sie jeden Abend richtig fix & foxy ist, kommt sie wenigstens nicht auf dumme Gedanken!

Das sind keine schnuckelig süßen kleinen Dutteln, das ist mein Pectoralis major!

Wenn du mir schon in der Disco erzählt hättest, daß du dich vorher immer erst aufwärmen mußt, wäre ich inzwischen noch ins Kino gegangen!

Na los, schlag doch zu!
Du traust dich wohl nicht, du Pfeife?!

Eins ... zwei ...
Drei !
Na, was is, du Flasche ?
Jetzt haste wohl Schiß, noch mal zuzuschlagen, oder ?

Also, ich warte!

Für mich gibt es nichts Erbärmlicheres als einen stadtbekannten Masochisten, der unbedingt boxen will!

Um Gotteswillen, Erna, schnell weg! Da kommen sie wieder...

... JÄGERMEISTER ist im Besitz des Leders, wird von NECKERMANN gestoppt, der paßt zu QUELLE, aber da ist schon BAYER-LEVERKUSEN, der köpft den Ball zu CAMPARI ...

...und jetzt hat Schuster eine echte Torchance ...

Und er schießt!!! Jawohl, er schießt!!!

Aber da!!! leider, leider!...
Der Ball ging voll an die Latte!!!

Achtung, Achtung! Eine wichtige Durchsage für alle Läufer! Halten Sie sich streng rechts! Auf der linken Innenbahn kommt Ihnen ein Geisterläufer entgegen!

Es widerspricht zutiefst meiner politischen Einstellung, weiter als Linksaußen zu spielen!

Ich verabscheue jede Form von Gewalt!

Tennisarm?
Nee, Wichshand.

Du könntest ihn ruhig mal anfassen!

Ich hab mir solche Mühe gegeben, damit er groß und stark geworden ist, aber du faßt ihn kaum an!

Okay, okay! Laß ihn sehn, Mann!

Blöde Bizeps-Anfasserei!

Entschuldigen Sie, können Sie mir sagen, wo das Stadion ist?
Ich hab da eben noch am 100-Meter-Lauf teilgenommen...
...und irgendwie hab ich mich dabei total verlaufen!

Das waren noch Zeiten, als man vom Geschäftspartner nicht zum Arbeitslaufen, sondern zum Arbeitsessen eingeladen wurde!

Wenn du deinen Mann überreden Könntest, beim Marathon mitzumachen, wären wir ihn vielleicht bald für immer los...

Wenn ich mal groß bin, heirate ich nur einen Boxer!
Wenn der mal schlapp ist, braucht man nur bis 8 zu zählen, und dann steht er wieder!

Seit Hugo sich mit seiner Praxis auf Sportunfälle spezialisiert hat, ist er ein fanatischer Anhänger des Breitensports.

Trimmpfad
Bleib fit- treib Sport!

Ich hab 'nen unheimlichen Bock auf sportliche Betätigung – gehn wer ins Fußballstadion ...

...und mischen die Blau-Weiß-Fans auf?!

Seit Friedrich jeden Tag joggt und sich „gesund" ernährt, führt er sich zu Häuse auf wie ein junger Gockel:

Er frißt von morgens bis abends Körner!

Vor der Übertragung des nun folgenden Fußballspiels weisen wir Sie darauf hin, daß das Vokabular unseres Reporters für Kinder und Pazifisten nicht geeignet ist...

Großes
SECHS-
TAGE-
RENNEN
Apropos 6 Tage rennen: Was macht eigentlich dein Durchfall?

Wenn ich Bodybuilding machen würde, könnte ich unheimlich viele Frauen haben...

Aber wer will das schon!

CARTOON

6991

6988

6986

6980

6974

6993

6983

6962

6953

GOLDMANN